新装版

いつからでもやりなおせる子育て

池添 素
Ikezoe moto

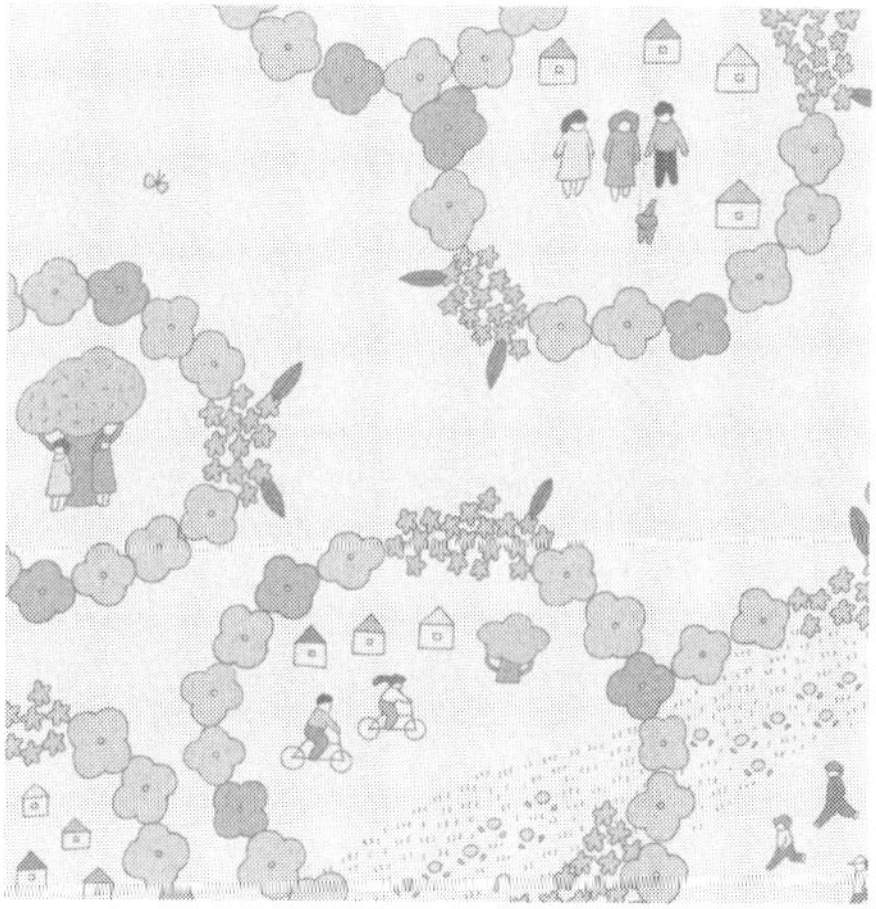

かもがわ出版

この本のタイトルは「いつからでもやりなおせる子育て」となっていますが、たった一つ、子育てをやりなおせない場合があります。それは、理不尽な事件や事故に巻き込まれたり、虐待でいのちまで消されてしまったり、あるいは自らの生命を絶つなど、子どものいのちが消えてしまったときです。

大切なわが子を亡くされた親や家族の悲しみを胸に刻み、子どもが犠牲となる社会を拒み、おとなも子どもも安心して子育てや自分育ちができる社会をめざして、この本を上梓します。

著　者

はじめに

今どきの子どもは「やりにくい」「何を考えているのかわからない」とよく言われますが、ほんとうに以前と違っているのでしょうか。たぶん太古の昔から、子どもの心やからだの発達に、そんなに違いがあるとは思いません。運動面での発達は、首が座り、体幹がしっかりすると寝返りし、お座りができるようになり、はいはいをして歩き始めます。歩行の時期がより早くなっているとは感じますが、運動発達の順番はかわっていません。

心の発達はどうでしょうか。見えるもの、聞こえるものに興味を示し、おとなの顔を見分け、自我を育て、自分のしたいことを主張し、そのなかでコミュニケーションを育て、おとなや子どもどうしで関係をつくりながら社会性を身につけていきます。思春期になると自分なりの価値観をつくり、親から離れてもっと大きな社会へ飛び立っていく準備をします。そしてやがて自立していくのです。

子どもがゆっくりと発達を自分のものにしながら育っていく条件さえ用意してやれば、自然に自分の力で育っていくのではないでしょうか。それなのに、どうしてこんなにも子どもが苦しみ、親も悩んで子育てしなければいけないのでしょうか。

私は、多くの子育て相談を通して、子どもと親のコミュニケーションは、なんと難しいものかと思っています。毎日いっしょに暮らしていながら、お互いの気持ちがわからない、顔を合わせても話さない、果ては昼間学校へ行っているのか、寝ているのか起きているのかさえわからず、まして何に悩んでいるのかなど知るすべもなく、まるで宇宙人と暮らしているようだという家庭もあります。

私は、それは大人社会が子どものとらえ方をどこかでまちがってしまった結果ではないかと思っています。あたりまえのように「脅し」や「競争」、「かけひき」や「押しつけ」「強制」で子どもを育てています。家庭においても、同じような手法で子どもを育ててしまっています。脅しや競争で子どもが育つとは思いません。いま一度、子どもの自然な育ちに立ち返り、子どもが発しているサインからメッセージを読み取りたいと思います。

子育てには、家庭で親が取り組むことと、学校や地域、社会でおとなが力を合わせて取り組むことの両面があると考えています。後者は、親だけががんばってもダメで、教師や保育・学童保育の専門家、医者や研究者、さらには国や自治体、あるいは政治家も巻き込んで子どものことを考えることが必要です。そして、子どもが大きく羽ばたいていこうとしている社会そのものも、生きやすい環境としてつくってやることです。

私の若い頃は、よく学校の先生から「君たちには未来がある」と話してもらいました。それを聞くと、何となく明るい未来が待っていてくれるような気持ちになったものです。そして夢をいっぱいふくらませて社会に出て、はじめて現実の厳しさを知ります。それでも、その先にある未来はきっと希望に満ちたもの、という漠然とした期待が頭のなかにインプットされていて、そう落ち込まずに生きてきました。今、年齢を重ねて、若者たちにそう言える社会をつくらねばと、痛切におとなの責任を感じています。

一方で、家庭で親や家族が努力してできることもたくさんあるように感じています。

社会が悪いから家庭でいくらがんばってみても仕方がないとは思いません。家庭と社会がお互いに取り組み、それが噛み合ったときに、若者に明るい未来をプレゼントできるのではないでしょうか。

本書では、主に家庭で親が取り組めることを中心に考えてみました。本書のタイトルにあるように、子育てはいつからでもやり直しができる、しなければいけないと考えています。今、あなたが、子どもとのコミュニケーションが取りにくく、「どうしてこんなことに」と悩んでいるなら、子どもを責めないで、自分を責めないで、パートナーを責めないで、ちょっと違う角度から子育てを考えてみましょう。きっと何か糸口が見つかるのではないかと思います。

この本は、おとなだけでなく、子どもにも読んでほしいと思っています。本書が自らの育ちを振り返り、親と一緒に自分育ちを考えるきっかけになれば望外の喜びです。

もくじ

第7章 「させる」をやめて、子どもといっしょに—— 101

カバー装画・うにのれおな
装　　丁・加門　啓子

第1章
ちょっと気になる子どもが増えている

「学級崩壊」「学校崩壊」といわれて何年も経ちます。今、「保育崩壊」もあると保育関係者はいいます。クラスに落ち着きがない、いつもザワザワしている、何人もクラスに気になる子どもがいるなど、保育がやりにくいと保育者は悩んでいます。特に年長児クラスに心配な子どもが目立ち、就学してから大丈夫だろうかと保育者は心配していはます。

学童保育や児童館の指導員も悩んでいます。みんなで一緒に活動しようと呼び掛けても、ひとり違うことをする、はじめは張りきってするがすぐに「つまらない」と飽きてしまう、ちょっとしたことでもすぐに怒る、いつもイライラしている子どもが増えています。

自分勝手に思えるような行動が目立ち、思い通りにことが運ばないときにはすぐに手が出て暴力的に解決しようとする、買ってもらったものを自慢する、自分に注目してもらえないと「やきもち」をやく、意地悪をする、指導員をひとりじめして甘えるなど、屈折した気持ちをうまく表現できずにもがいている子どもも大勢います。

なんとなく幼さを感じる子どもも多く、ままごと遊びのスペースをつくると、そこでほっとする姿など、外でからだを動かして集団で遊ぶより、部屋で好きな遊びをしたいという子どもが多くなっています。

子どもたちの放課後もハードスケジュールです。

週に二、三回、塾や習い事に行くのはあたりまえ。一週間に一日しか自由がないという子どももいました。月曜日は塾、火曜日は剣道、水曜日は習字、木曜日は塾、土曜日は水泳、日曜日はサッカー、空いているのは金曜日だけ。たまに児童館へ来て、発散するかのようにさまざまなもめごとを持ち込んできます。

気になる子どもの生活を聞くと、「これは疲れるだろうな」と思うほどハードな一週間を送っていることがあります。

そんな気になる子どもたちが一人ではなく何人もいて、毎日トラブルが絶えず、対応に振り回されて疲れている指導員の悩みは尽きません。

指導員は保護者との関係でも頭を痛めています。前述したような子どもの姿に、解決の糸口を保護者とともに考えようと思っても、うまくいかない場合が増えてきました。

家では「よい子」で保護者は特に問題を感じていない場合や、「習い事や塾は自分でやりたいというから行かせている」「学校からは特に何も言われていない」など、共通の問題意識をもって話し合いができず、かえって保護者と気まずい関係になってしまうこともあります。個別に対応するのではなく、保護者会や父母会など、保護者全員で考えてもらいたいと思っても、保護者会に人が集まらない、お互いに遠慮して話し合いにならないなど、保護者どうしの結びつきも弱くなっています。

「ちょっと気になる子ども」は年々増えています。そして同じように保護者との関係も難しくなってきています。

では、どうして「ちょっと気になる子ども」が増えているのでしょうか。私は、いくつかの要因が考えられると思っています。

□変化している子育て事情□

「ちょっと気になる子ども」の増加には、昔とはずいぶん違う現代の子育て事情があるのではないかと考えています。その一つとして、あふれるような子育て情報がもたらす影響を考えてみたいと思います。

親なら誰もが、元気で賢い子どもに育てたいと考えます。そして、そのための苦労はいとわず、できることなら何でもしてあげたいと思うのは当然のことです。そしてその気分感情にぴったりなタイトルの本や雑誌が、書店やコンビニにいっぱい並んでいます。早期教育は妊娠中から始まり、赤ちゃん誕生後はプログラムにそって具体的に書かれています。

もちろん、そんなブームに批判的で、マイペースで子育てしている方々もたくさんおられます。しかし、多くの親を巻き込んでいる、情報過多となっている現代の子育て事情は、二〇年前とは明らかに違っていることも事実です。

そこから生まれる親の気持ちについて考えてみましょう。

□「比べる」子育てに疲れていませんか□

妊娠中の女性向け雑誌のグラビアでは、妊婦さんが「〜か月」のお腹で登場していま す。もし私が同じ月の妊婦なら、きっと鏡に自分のお腹を映して比べてみることでしょう。私のほうがちょっとでも大きいなら安心だし、何となく小さいと思ったら不安になります。妊婦のお腹の大きさはみんな違ってあたりまえなのですが、そこにモデルがあるとつい比べてしまいたくなります。

赤ちゃんも同じで、わが子の月齢のページを開くと「こんな遊びが賢い子をつくる」と書いてあります。さっそく我が子にさせてみて、喜んでやってくれたら安心ですが、できないと心配です。子どもの発達には個人差があり、モデルと比べて「できる」「できない」に一喜一憂することはないのですが、「できない」ときの不安は消えません。

いつも何かの基準をモデルにして比べていると、いつの間にか子ども自身の姿を見失い、子どもの気持ちに寄り添ってかかわってあげることより、「させる」ことにばかりに気を取られてしまいます。

さらに親を不安にさせる要因として、自分が子どもを比べているだけでなく、親自身も比べられていることに気がつきます。他者の評価を気にする子育ては気が重いものです。親としての評価を気にするあまり、子どもをきつく叱ったり、無理に子どもにさせたり、ということにもなりかねません。わけのわからない子どもにとっては、無理難題を押しつけられることになるのです。

本来子どもがもっているペースを尊重するのではなく、いつも何かと、あるいは誰かと比べて「させる」子育ては、疲れます。

□「あるはず」「あるべき」子育てに追い詰められて□

「子どもはかわいい」「子育ては楽しい」と昔からよく言われてきました。それは子どもが小さいときの話だと言われそうですが、小さいときでも、決して「かわいい」ばかりの存在ではなかったはずです。その頃は、それはそれで親を困らせ「憎らしい」と感じたことがあるはずです。寝ているときは「天使」のように可愛くて、起きて活動しはじめると親を困らす「悪魔」にも変身する、その両面をもっているのが子どもです。

しかし、何かと比べて我が子の「できなさ」に悩んでいると、子どもとは「こうあるはず」なのに、その通りにしないのは親としての「あるべき」姿勢が不足しているのではないかと悩み、子育てに自信を失ってしまいます。親の気持ちが不安だと、子どもが言うことを聞かなければいっそう無理にさせたり、きつく叱るなど、子どもを親の思い通りに動かそうとするようになります。

子どもが小さいときは、まだ力ずくで親の思い通りにできるところもありますが、その結果、子どもからの大切なサインを見逃してしまうことにもなりかねません。

さまざまな子育て情報から「……ねばならない」と思い込み、それに縛り付けられる子育てに、親も子どもも追い詰められています。

□心が揺れる「あせる」子育て□

早期教育が浸透し、少しでも早く「できる」ことがよいことだと思われています。乳幼児期から、字を教える、塾に行く、英語を教えるなどなど、上げればきりがありません。

「うちはさせない」と、早期教育に無縁の子育てをしていても、ご近所の親どうしの会話や、頻繁に送られてくるダイレクトメールに心が揺れることもあるでしょう。

学校では「ゆとりの教育」と言われていますが、乳幼児期の子どもをもつ親は、本来、ゆったりと子どもとつきあうことが求められる時期なのに、「ゆとり」から最も遠いところにあるようです。

「しつけ」もできるだけ早いほうが効果的だと、子どもの発達の段階を無視して行うこともあります。

食事を行儀よく食べる「しつけ」は大切なことです。しかし、あたりまえのことですが、自分で食べるようになる一、二歳の頃は、好きなものばかり食べたり、散らかしたり、ご機嫌が悪いと食べないなど、とても自分勝手な行動をします。親としては、食べ物に感謝し、好き嫌いなく何でもよく食べる子に育てたいと思いますが、この時期の子どもはその期待にはなかなか応えてくれません。大切にしたいのは、楽しくみんなで食事をすることですが、できるだけ早く「しつけ」をとあせり、嫌いなものを残したり、ごはんをこぼすと叱ってしまいます。結局、子どもは泣いてしまい、険悪な雰囲気がただよい、楽しい食事が台なしになってしまいます。

おもちゃの取り合いも、二歳頃から頻繁になります。人の持っているものが欲しくて取ってしまう、これも子どもが通る発達の過程です。反対に人には見向きもせず、自分の世界で遊んでいるほうが心配なのです。ところが、「思いやり」の気持ちを教えなくてはとあせり、「『ごめんなさい』は!」と、むりやり子どもの頭を押さえて言わせます。いずれ自分と他人の物の区別がつき、言葉で要求できるようになれば、このもめごとは次第に解決していきます。この時期であれば、親が「ごめんなさい」と子どもに代わって謝ればよいのです。

何でも早くから教えればよいのではなく、子どもの理解度や発達段階に応じた「しつけ」が必要です。焦るばかりで子どもと噛み合わない子育てはイライラがつのります。

□子育ての主人公は、だれ?□

子育て中の親にとっていちばんうれしい褒め言葉は「じょうずに子育てしている親」と言われることではないでしょうか。他者からのこの評価は、たいへんな子育てに取り組んでいる親にとっては、がんばってきたことが報われる一瞬です。

しかし、これは恐い落とし穴だと思います。いつの間にか子育ての主人公が子どもから親に移っています。そして、親の思い通りに子どもを育てようと、ますますがんばってしまいます。子どもが小さいうちは力ずくで子どもを押さえ込むことができます。子どもがしっかりした意志をもちはじめると、簡単には言うことを聞かなくなり、大きく反発されてしまいます。そんなときに親としての自信を失い、子育てが重くのしかかり、言うことを聞かない子どもを前に途方に暮れてしまいます。

現代の子育て事情は、こうして多くの親（特に母親）の子育てへの自信を失わせ、焦らせ、怒りっぽくさせているのではないでしょうか。そして子どもたちは、親の顔色をうかがい、できるだけ親の言う通りにしようと努力し、自分を押さえ込んでしまうか、意志の強い子は反発していっそう言うことを聞かなくなってしまいます。

少子化が進み、少ない子どもを「元気で賢い子ども」に育てたいという親の切実な願いを利用し、多くの親を振り回す「子育て市場」をつくっている大きな力は、これからもっと影響力をもつと思われます。子どもの心に寄り添って、あわてないで、ゆっくりと我が子の発達を見つめながら、楽しく子育てできる社会になるような子育て支援を考えることが必要ではないでしょうか。

□仕事と子育て□

「子どもたちは、自分探しの長い旅に出ている」、だから「ゆっくりと時間をかけて、子どもの自分づくりの過程につきあうことが必要」だといわれますが、時間をかけてつきあうことはほんとうに難しいことですね。我が子が「自分のことをそんなに真剣に考えているとは思えない」「何を聞いても答えてくれないので、考えていることがわからない」というのが、親の本音だと思います。

仕事で相手と接するときは、「相手の立場にたつ」ことが大切だといわれます。しかし、我が子のこととなると、親の立場が優先します。それに生活を回していく忙しさが加わり、「こうなってほしい」という思いも強く、「相手の気持ちをうけとめて」ゆっくりつきあうことが難しいのです。

また、仕事はチームですすめることが多く、職種もいろいろあり、専門性が絡み合って成り立っています。相手の失敗をカバーしたり、お互いに研鑽しながらすすめていくこともできます。

仕事が子育てといちばん違うところは、時間が来たら「さよなら」と別れていけること。場合によっては、その仕事を辞めることだって可能です。つまり、その立場を自分の意思で終わりにすることができる「仕事」と、目の前に子どもがいなくとも関係を断つことができない「子育て」には、大きな違いがあります。

親は、みんな経験のない新米です。近ごろは、子育ての人数が少なくなり、ほとんどチームの形をなしていないのです。親ひとりで子育てをしている場合もあります。こうなると、親が子どもの問題を全部抱え込んで右往左往するのはあたりまえだと思うのです。

第2章
子どもは発達の宿題を残しながら成長する

どの年齢においても、子どもの「意欲」は大切にしたいものです。でも、残念なことに意欲は目に見えず、また、何かをさせれば育つというものでもありません。意欲は子ども自身がさまざまな経験を通して心のなかに育てるものです。意欲を育てるためには、まず、子どもの心の動きをとらえるところから始めてみましょう。そして、それをふまえて、意欲を育てるおとなの働きかけを考えてみましょう。

子どもの気持ちを理解することは、子育てをする上で必要です。しかし、「子どもへの期待」が先走ったり、あるいは「こうなってほしい」と思う気持ちが先にたち、子どもが本来もっている心の動きを無視してしまうこともあります。あらためて、子どもの気持ちを考えてみましょう。これは年齢を問わず、いつの時期でも心にとめておいて、子どもと向き合うときに役立ててください。

□子どもは自分の力で発達したい□

「〜させなかったから、〜できない」あるいは「もっと〜させておけばよかった」という親はたくさんいます。でも、ほんとうにそうでしょうか。

例えば、字を覚える頃のことを思い出してください。おとなが教えなくても、自然に興味をもちはじめると、子どもは「これ、なんて読むの」と聞いてきます。知らないうちに字が読めるようになっていて驚くこともあります。就学前になって「うちの子、まだ字が読めない」とあわてる場合も、それは親が「教えなかった」から覚えないのではなく、まだ興味がないなど、別の理由があるのです。

「勉強」はもっとわかりやすい例です。親がいくら「勉強しなさい」といっても、簡単には勉強してくれません。ところが、興味のある学科や分野は、親が口うるさくいわなくても自分から積極的に勉強します。「この意欲が不得意なところに向いてくれたら、どれだけよいか」とぐちもでます。

面白いから勉強する、楽しいからクラブに励む、やりがいがあるからボランティアをする、というように、子ども自身が自らの意志で、意欲をもって活動するところに成果が生まれてきます。それが励みとなって、もっと高い目標をもつこともあります。

おとなにできることは、子どもが自分の力でやってみたいと思える条件づくりです。強制や脅し、罰では、子どもは決して意欲的に動くことはできません。

家庭でも、子どもが自分で発達したいという気持ちを育てるような、かかわり方の工夫が必要です。おとなが求めることが、子どもの気持ちとかけ離れている場合ほど、子どもの気持ちに寄り添って考えましょう。

□子どもはさせられるのが嫌い□

子どもは、ほんとうに「させられる」ことが嫌いです。

しかし、考えてみれば私たちおとなも、自分の意志とは違うことを無理にさせられることには抵抗があります。世間のしがらみで「仕方がない」とあきらめますが、その後はどこかで憂さ晴らしをして、精神のバランスを保っています。

子どもはもっとストレートに「イヤ」を出します。あるいは、無理やりさせられたとしても、それは深く心に残り、いつまでも覚えています。

親は「子どもの自由にさせてきた」「無理強いはしてない」と思っていても、子どもは親の期待を感じ「よい子」になろうとして、自分の気持ちをおさえて従っていることもあります。「イヤ」が言えない子のほうが問題が大きいとも言えます。いずれにしても、自分の意志とは違うことを強要されるのは、大人も子どももイヤだということです。

□子どもは比べられるのがイヤ□

もっとイヤなのが、誰かと比べられることです。励ますつもりの一言が、子どもの気持ちを傷つけます。「親戚の○○さんは大学に受かった」「お兄ちゃんはもっと賢かった」「近所の□□ちゃんは偉い」「お父さんは昔△△だった」などなど、どれも聞きたくない話です。

親が他の子どもと比べるのは、仕方ないことだと思います。しかし、それを口に出すことは、子どもの心を傷つけるということを覚えておきたいものです。自分だったらと置き換えて考えてみてください。

□「甘える」ことから「しっかり」が生まれる□

小さいときからたっぷりと甘えて育った子どもは、おとなへの信頼感をもちます。しかし親としては早く「しっかり」してほしいあまり、早くから自立させようと、「しつけ」

という名目で、子どもの発達に見合わない課題を課すことがあります。

例えば、小学校高学年の子どもでも「お母さんと一緒に寝たい」と甘えてくることがあります。子どもの気持ちのなかに不安がよぎり、誰かに守ってほしい時のサインです。無条件に受け入れてあげてこそ、子どもは不安と立ち向かうことができます。ところが「ここで甘やかしてはいけない」と心を鬼にして、「もう大きいのだから一人で寝なさい」と突きはなしてしまうと、その場はがまんして一人で寝るかも知れませんが、不安な気持ちは残ります。そして、おとなは助けてくれないと不信感を抱き、甘えたい気持ちは残ります。

何歳になっても、自分を無条件に受け入れ、甘えられる人が必要です。今、子どもがそんなサインを出していたら解決の方法は簡単です。無条件に甘えさせてあげましょう。

□子どもに「転ばぬ先の杖」は不要□

自らの人生を振り返ると、「あの時〜しておけばよかった」ということがいっぱいあるものです。多くの失敗を重ねて現在があります。子どもには親と同じ苦労をさせないようにとの親心で意見や忠告をしたくなり、場合によってはうまく行くようにお膳立てをすることもあります。

ところが自らもそうだったように、子どもは最初から物事の先見性をもって考え、行動することはできません。むしろ困難を買って出るようなところがあります。しかし、自分で目標や目的をもったときは、いささか危なっかしいこともありますが、お膳立てされたのとは違って、喜々として取り組みます。親のアドバイスも聞かず、失敗もしますが、そこから自分で学習して先見性を身に付けていくのです。年齢と経験を重ねる月日が必要なのです。

親としては、もどかしく、遠回りで、時間がかかる作業ですが、ゆっくりと見守る努力が求められます。「転ばぬ先の杖」は、子どもには不要です。失敗を恐れず、完璧を求めない、そして、またやり直せる子ども時代の体験は、困難な現代社会を生きる自分を守るためにも必要なものではないでしょうか。

□子どもたちは発達の宿題を残している□

子どもたちがさまざまな問題を起こすとき、それには必ず「わけ」があると考えます。その「わけ」の裏側には、発達の過程で何らかの宿題を残している場合があるのではないでしょうか。

どの子も同じ発達の道筋を通るといわれていますが、例えば無理に何かをさせられたり、がまんを強いられたりすることで、十分に発達の過程を経験したり獲得せずに大きくなってしまうことがあります。やり残したことをそのままにしておいたため、人格を確立することが難しくなったときに、「問題行動」などのサインが出るのではないかと考えます。だから、もし子どもが発達の宿題を残したままでいるのなら、いつの年齢からでもやり残した課題に取り組む必要があります。

子どもにはいつも「宿題をしなさい！」と言っているのですから、親もがんばってみましょう。でも、何をがんばればよいのでしょうか。わが子がやり残してきた宿題とはいったい何なのか？　と首をかしげる方もおられるのではないでしょうか。あるいは、いっぱいありすぎてどこから手をつければよいかわからない方もおられるでしょう。

おおむね、子どもが残してきた宿題は、子ども自身が教えてくれています。それは、親として「これだけは直してほしい」「ここに困っている」「これだけは止めてほしい」と思っているところです。簡単にいえば、その「困った部分」に目を向けてみることです。しかし、これはなかなか厄介なことです。なぜなら、親としては一番向き合いたくないところですし、できることなら、あんまり苦労せずにできる改善策はないものかと考えがちです。

相談に来られた保護者と話しあい、一緒に子どもが起こしている問題の原因を探っていきます。話がすすんでくると、「やっぱりそれが原因だったのですね、わかっていたのですが」とよく言われます。親としてはある程度原因が推測できているけれど、手短かな解決法があるのではないかと期待して相談に来られるのです。でも、残念ながらそれはないのです。

やっぱり、いちばん痛いところと向き合わなくては、問題の解決には迫れないのです。子どものことで困っていることを、力ずくで解決しようとせずに、まず、困っていることの裏側にあるその「わけ」を考え、「なぜなのか」を謎解きしてみましょう。子どもが残してきた発達の宿題です。それが厄介なことであればあるほど、ためらわずに、親として何ができるか考えましょう。きっと、子どももその熱意に応えてくれるでしょう。

第3章

自分づくりはどのように

□身体づくりと食べること□

子どもは、生きるための機能を確立するために身体を完成させ、生き抜いていく力をつくるために心を発達させ人格を形成し、おとなになっていきます。それは、ほかの誰かとはまったく違う、自分自身をつくる過程です。

身体と心の発達には密接な関係があるといわれています。現代の子どもたちの食生活が、「キレル」子どもをつくり出しているという指摘もあります。小さい頃からハンバーガーが一番のごちそうとなり、ペットボトルでジュースをがぶ飲みしている今と、家族みんなですき焼き鍋をつつくのが一番のごちそうだった二十年前とを比べると、「食べる」だけでも相当な違いがあります。

また「食べる」ことを通して身につけていくマナーやコミュニケーションのあり方にも大きな違いを感じます。あるとき、コンビニの前を自転車で通りかかったら、道のまん中に座り込み、コンビニで買った食品を広げて食べている青年に出くわしました。危うくぶつかりそうになったので自転車を降りましたが、道路を食卓にしている青年の姿をみて、悲しい気持ちになりました。

身体をつくるためにとる食事は、同時に心も発達させてくれる力をもっています。心も身体も発達させるチャンスを奪ってしまったおとなの責任を感じます。

□人格の発達□

思春期から青年期にかけて、子どもは自分づくりをします。かけがえのない自分をつくる大切な時期です。そして、おとなになり、社会へ出ていく準備をします。その人格の発達についても、おとなは子どもたちから多くのチャンスを奪っているのではないでしょうか。

思春期頃からの心の発達は、見えないものをとらえ、想像力を働かせて、考える力がついてくると言われています。それとともに、自分で何かを創り出したい要求も高まり、創造力も強まってきます。本物に出会い感動する、自然の力を知るなど新しい価値観とめぐりあうことで、大きく自分をふくらませていく時期でもあります。一流のミュージシャンになりたいと、一生懸命練習に励む。魅力的なおとなや先輩に出会い、生き方を考えはじめるなど、親とは違う価値観に目覚めます。親から見て好ましいこともあれば、反対に「それだけは止めて」と言いたくなる場合もあります。いずれにしても、子どもの内面に自分の世界を形成しはじめる時期なのです。頭でイメージしたことを実際に実現する楽しさも、この頃にぜひ経験してほしいことです。

自我の発達は、葛藤をくぐりながら、困難な課題を自分で背負い、目標達成に必要なプロセスを考え、援助してくれる人やいっしょに活動する仲間を見つけ、達成した時に自分への自信と信頼感を作り上げ、他者との人間関係を学ぶ過程なのです。

親として子どもが育つ過程で気になること。それは「勉強ができるか」「受験に成功するか」「社会に出てうまくやっていけるか」など、目標がはっきりしているものに目が奪われがちです。ところが「何かができる」というとき、その原動力となる自我の発達抜きにやり遂げることには問題があります。なぜなら、自分の意志に反しておとなから無理にさせられると、「できる」ことは達成できるかも知れませんが、必ずしもそれが人格形成によい影響を与えるとは思わないからです。

今の子どもたちは、おとなから与えられた課題をやり遂げるのに必死で、ゆっくりと自我を確立する時間を与えられていないと思うことがあります。子どもたちは、自分が何をやりたいのかを考える時間がありません。結果が先走り、失敗が許されません。これは辛いことです。人格の基礎となる自我の発達を、もっとゆっくり育んでやれる条件をつくることが、おとなに求められています。

□ほんとうに子どもたちは我慢ができないか□

今の子どもたちは、自分勝手でわがままで、我慢ができないといわれます。ほんとうにそうなのでしょうか。

自分の意志が確立されていないのに、他人の気持ちにまで思い及ぶには無理があります。まず、しっかりと自分を受け止めてもらい、安心できる立場にたつところから、他人の気持ちを考えたり、思いやりの心も生まれてくるのです。

我慢だって同じことだと思います。我慢するにも、後の見通しが必要です。「親は自分を信頼してくれていて、必要なものはいつでも買ってもらえる」という、親への信頼感や安心感が、欲しい物を我慢できる気持ちにつながります。

反対に、見通しを持たせずにいつも我慢させたり、親の気分で買うか買わないかを決めていると、子どもは自分の気持ちを受け止めてもらったという満足感がもてません。実際には「モノ」を手に入れているにもかかわらず、「親が勝手に決めただけ」あるいは「自分の欲しい物は買ってもらえなかった」と、不満が残ってしまいます。親としても、せっかくお金を出して買ったのに、親の気持ちは伝わらず、子どもとの距離も離れてしまいます。

子どもはもちろん「モノ」も欲しいのですが、それ以上に、親に自分を受け止めてもらっているかどうかを確かめたいのです。そのことを確かめられれば、やがて「誕生日に買ってもらおう」とか「今回は我慢しよう」あるいは「自分で小遣いをためて買おう」などと考えられるようになるのです。

「子どもの欲しいものばかり買っていて、本当に我慢が育つのか?」との質問をよく受けます。私は、少し極端な言い方ですが、あえて「子どもの言いなりになってみよう」と呼びかけたいのです。幼児期には、ミニカーやキャラクター商品が家中にあふれる時期があります。結果的には子どもの欲しい物を買っていたのです。しかし、子どもが大きくなってくると、商品の金額も高くなるし「もったいない」と思えてきます。結局、おとなの都合で「買う」「買わない」を決めていることが多いのではないでしょうか。

もし、小さい頃からたくさん我慢をさせてきたのなら、大きくなってからあらためて「無駄遣い」の経験を積む、そんなやり直しが必要です。でも、「これで本当に我慢が育つのか？」と思われる方は、自分が小さかった頃、欲しいものに対して親がどのように対応していたかを思い出してください。「我慢ばかりさせられていた」のか「欲しいものはなんでも買ってくれていた」のか。その時の自分の気持ちを振り返り、我が子へのかかわりを考えてみてください。

もちろん、いくら子どもが欲しがっても、親としては買いたくないものもあります。そんな時どうするかです。しないほうがよい対応の一つに、最初は「ダメ」と言って子どもを納得させようとしたけれど、結局、欲しいとねだる子どもに根負けして、買ってしまうことです。結果的に買ってしまうのであれば、最初から「子どもの欲しいもの」を買ったほうが、お互いに気持ちも良く、親子関係をつくることができます。親の価値観で絶対に買いたくないものについては、子どもにきちんと「買わない理由」を説明し、自分の意見を貫きましょう。たとえその時納得しなくても、意見は子どもの心に残り、親の考え方を理解しようとするでしょう。

□子どもは失敗から学ぶ□

失敗しても許してもらえるおとなとの関係は、子どもの人格形成に大きな影響を与えると思います。そして失敗から学び、成長するとともに、人格形成を成し遂げていきます。

その過程でもう一つ大切だと思うことがあります。それは、自分を客観的にみられるようになることです。自分の力でやり遂げると自信がつくと書きましたが、自信がついてくると、自分の不得意なところや、がんばるべき課題が見えてきます。これは他人から言われて理解するのではなく、もっと気持ちの深いところでしっかりと根付きます。

自分の長所や短所、得意なことを知ることで、歪んだ劣等感や自己否定の気持ちではなく、「いろいろできないこともあるけれど、私はこんなよいところがある」と、すばらしい自己肯定感をもつことができるのです。この気持ちは、困難にぶつかってもくじけない、落ち込まない、前向きに物事をとらえて生きる力となります。

□自分づくりのサポート□

親が求める子どもの理想像は、「明るくて元気で、たくましく、思いやりがあって、友だちの多い子ども」だそうです。こんなふうに育ってくれたら申し分ないのですが、ここに至るには、これまで述べてきたような回り道や時間、そして励ましやサポートなどの手間ひまが必要です。そしてまた、一人ひとり個性があり、気分や感情も違います。同じきょうだいでも性格の違いがあるように、親の対応にも違いがあってあたりまえです。

子どもが悩む姿につきあうこと、結論を急がないこと、失敗を許すこと。そして、親がまず子どもの『いいとこ探し』をすることです。子どもの短所を三つ上げたら、同じ数だけ素敵なところを探し、子どもの自分づくりをサポートしましょう。

第4章
子どもとのコミュニケーション

ふだんから家庭でよく話す子どももいれば、無口な子どももいます。それぞれに個性があるのです。しかし思春期の頃からは、よく話す子どもも、親に話すことと黙っておくこととを区別するようになります。無口な子どもはもっと秘密が多くなり、「何を考えているのかわからない」状態になります。学校であったこと、友だちのことなど、悩みごとをかかえているのかも知れませんが、根掘り葉掘り聞いてもよけいに話さなくなってしまいます。親としてはいちばん「やりにくい」と感じるところです。

子どものすべてを知ることは難しいのですが、家庭でのコミュニケーションは必要です。そんな子どもたちといかにしてコミュニケーションをとるのか、子どもとの付き合い方に慣れておきたいものです。できれば子どもが小さい頃から頭の片隅において、子どもとかかわってほしいと思います。

□子どもの話を最後まで聞く□

小さい頃は「お母さんあのね」と、うるさいほどたくさん話してくれます。そうした頃から、途中で口を挟まないで、子どもの話を最後まで聞いてほしいのです。

例えば、子どもが「○○ちゃん嫌い」と言ったとします。そんなとき、「誰とでも仲良くしないとダメ！」とすぐ言わないで、そのわけを聞いてほしいのです。『勉強が嫌い』「学校へ行きたくない」などなど、親にとって「困ったこと」である場合はなおさらです。

最後まで子どもの話を聞いて、それから親の気持ちを伝える。なんでもないことのようですが、これがなかなか難しいのです。子どもが小さい頃から、聞く「くせ」をつけておきましょう。これは、子どもが大きくなって、ほんとうに子どもの気持ちを聞いて問題解決に立ち向かわないといけない場合に生きてくるのです。

子どもが問題を起こした時、学校から呼び出しがかかったり、警察へ引き取りに行くなど、親は頭を下げなくてはいけません。たいへん辛いことですが、親としての責任があります。問題は家へ戻ってから、子どもとどのように向き合うかです。

顔から火が出るような恥ずかしい思いをして、恐縮や緊張から解放されて家へ戻った時、子どもを前にしてどなりつけてやりたくなります。一刻も早く「説教」をしてわからせなくてはたいへんなことになると、子どもにあれも言いたい、これも言いたいと、頭が「言いたい」ことでいっぱいになります。こんなときに子どもの話を最後まで聞くということは、かなりの努力がいります。水を一杯飲んで、心を落ち着かせ、それから子どもと話します。

わけを聞いてもなかなか話してくれないこともあります。子どもも考えているのです。いけないことは承知しているのに、それでも何かわけがあったのです。親の「言いたいこと」は後回しにして、子どもが話してくれるまで待ちましょう。まず子どもの話を聞く「くせ」は、こんなときに生きてくるのです。

もし、一方的に怒り、子どもが一言も話さないうちに「わかったか」と聞き、「もうしません」の答えが返って話が終わってしまったならば、問題の本質をとらえないままに、問題が先送りになるだけです。そして、また同じようなことが起こったとき、「以前、もうしないと言ったではないか」と責めても、解決にはなりません。

大きな問題に直面しているとき、冷静な対応は難しいというのが私の実感です。ぜひ子どもが小さい頃から、子どもの話を最後まで聞くようにしましょう。子どもにも、話を聞いてもらえる信頼感がうまれ、何でも話せる親子関係をつくってくれることでしょう。

□自分で決めるチャンスを□

子どもは、一、二歳の頃から「イヤ！」と自分の意志をはっきり主張しはじめます。自我の発達の芽生えで、やりにくいけれど、発達の主人公として自分で決めたい大切な時期です。

ところが、子どもの選択は、必ずしもおとなと一致するとはかぎりません。例えば、ウルトラマンのTシャツを着たいとか、おまけ付きのお菓子が欲しいなど、親の趣味や考えを無視して主張します。子どもの言いなりになっていると、わがままに育たないかと心配になり、無理に親が決めてしまうこともあります。

しばらくすると、このだだこねも治まってくるのですが、その時は見通しがもてず、「子どもに選ばせるとろくなことがない」と、子どもから選ぶチャンスを奪ってしまうことにもなりかねません。

子どもが大きくなると、親の知らない世界へ踏み込んでいきます。一人で何かを決めなければいけないことが起こってきます。例えば、学校の帰りにゲームセンターに誘われたり、暴走族に入れといわれたり、一度シンナーをやってみないかといわれたり、異性からエッチしようと誘われたり、こんなとき、自分で決めなくては、相手の言いなりになってしまいます。

事の善し悪しは別にして、「ノー」と言うにはかなりの勇気がいります。友だち関係を大切にしたい時期だけに、相手を傷つけては申しわけない、もし断ったら友だちでなくなるかも知れない、あるいは、興味があり一度やってみたかったなど、「イヤ」が言えなくて深みにはまってしまう例はいくつもあります。

大切な時に自分で決めることができるためには、日常生活の何気ないことから、自分で決める体験がなければできません。つまり、家庭で子どもの意志を尊重し、自分で考えて決めるチャンスをたくさんつくることではないでしょうか。

親の言いなりになる子どもは、確かに育てやすく、手がかからないかも知れません。だからといって、いつまでも親が考え、決めたことを子どもに押し付けていたら、子どもが大きくなってから、「さあ！　自分で考えなさい」といっても、子どももとまどうばかりです。

小さいときからいつも最後は自分に決めさせてくれると感じるおとなへの信頼感は、

いざという時に自分で判断し行動できる力になるのです。

□おとなの考えはことばでていねいに伝える□

「子どもの話を最後まで聞く」「子どもに選ぶチャンスを」と書くと、いつも子どもの言いなりになっていなくてはいけないような印象がありますが、そうではありません。子どもの話を聞いた後には、親としての考えを話し、子どもと一緒に考えます。子どもが決めたことを尊重しても、親の意見を述べることも必要です。

ところが、子どもが決めたことが社会のルールから逸脱していたり、危険な場合などは、「そんなことわかりきったこと」「あたりまえだ」など、結論だけを言ってしまいがちです。どんなに子どもがまちがっていても、そこには子どもなりのわけがあるはずですから、おとなも「なぜまちがっているのか」をていねいに話す必要があります。そのためには、小さい時から「ダメ」の一言で終わらせるのではなく、なぜ「ダメ」なのかを説明する「くせ」をつけておきましょう。

幼児期には「何回言っても同じことをする」場合があります。そんなとき、つい手が出て、痛さでわからせようとしますが、それでは解決になりません。親の言っていることをどこまで理解しているかわからない頃から、少々面倒臭いことですがことばで説明することです。いずれ子どもは、なぜいけないのかを理解してくれます。

もし、小さいときに力ずくで子どもに教えてきた場合には、今からでも遅くはありません。何度でも、子どもの話を聞いた後で、ていねいなことばで親の考えを伝える努力をしましょう。子どもを殴っても何の解決にもなりません。急がば回れの心境です。

ちょっと時間はかかりますが、子どもはわかってくれます。

まさかのときの大切な一言

とかく子育てには「びっくり」がつきもの。子どもは思いがけないことをしてくれます。テレビや新聞、子育てに関する本などで、ある程度知識はもっているものの、いざ我が子となると話は違います。オロオロ、オタオタ、右往左往するのが親というものです。

ここでは「まさか」「どうしよう」という事態に直面したとき、親として最初に発する「ひとこと」について考えたいと思います。

＊　＊　＊

二年前の五月、一本の電話がかかってきました。これが、その後二年間にわたって波乱万丈の相談にのることになる電話になるとは、思いもしませんでした。

遠方に住むお母さんでしたから、顔もわからず、表情も読めません。もどかしく、不安だらけの相談活動でした。それでもお母さんにとっては、その電話が命綱だったそうです。

娘さんは高校二年生で二人姉妹の妹のほう。つきあっている同級生の「彼」のペースに巻き込まれて、自分を失ってしまっている。勉強も手につかず、好きなダンスのレッスンもやめた。彼に気に入られようと無理をしている。彼とは意見が違うこともあるが、それを言うと別れると脅かされる。そんな彼なら別れたほうがよいと思うが、悩んでいる娘にはそれも言えない。親としてどのように声をかけ、アドバイスすればよいだろうか。……最初はそんな相談でした。

なんの心配もせず、かわいがって大切に育ててきた二人の娘。卒業後の進路も将来への希望もはっきりともっていて、彼氏ごときで自分を失ってしまうような子ではなかったはずなのにと、これまでもっていた娘さんへの信頼の気持ちが揺れているお母さん。娘をこんなふうにした彼にもいら立っているようでした。

私は、お母さんの話をじっくり聞きました。「聞いてもらう」、あるいは「話す」作業を通して、自分を落ち着かせ、子どもの気持ちの「ゆれ」を理解してほしいと思いました。お母さんは長い電話の後、もう少し口出しするのを我慢して、子どもを見守ってやるように努力してみると言われました。

しばらくして、また電話がありました。娘さんはつきあいをやめたいと思っているようだが、彼が納得せず、困っているようすがうかがえる。どのように娘を支えてやればよいだろうかという相談でした。やっと目覚めてくれたかと嬉しい電話でしたが、彼がしつこいという新たな悩みが出てきました。

ところがこの一か月後、心配していたことが起こってしまったのです。

＊　＊　＊

電話の声は沈んでいます。生理が遅れているようす。娘からはまだ何も言ってこないけれど、自分から聞いたほうがよいだろうかという相談でした。

この間のお母さんの努力で、親の意見を言う前に、まず子どもの考えを聞くということが身についていていました。親子の信頼関係も築かれていました。

「子どもが言い出すまで待とう」というのが私の意見でした。でも、もしも黙って待つことに我慢できなくなったときには、頭ごなしに怒らずに、「あなたはどうしたいの」と冷静に聞いてほしいと付け加えました。

数日後、我慢できずお母さんは娘に尋ねました。やっぱり生理が遅れていて、妊娠しているかもしれないとの話でした。これからがほんとうに悪戦苦闘の日々でした。お母さんは、おなかの赤ちゃんをどうするのか、夫になんて話せばよいのだろうかと、頭のなかがぐるぐる回っていると、誰にも話せない悩みを、電話を通して私に訴えてこられました。頻繁にかかってくる電話の度に、長い時間受話器を握る私の手は、がちがちに固まっていました。

妊娠したことがわかった高校二年生の娘に、お母さんは「とんでもない！」との思いを飲み込んで「あなたはどうしたいの？」と、産むか、産まないのかを尋ねました。即座に娘は「産みたい」と答えました。お母さんは「やっぱり」と思いました。中学や高校の性教育で、いのちの大切さをしっかり身につけていた彼女は、宿った小さないのちが愛おしく、母性を感じているんだとお母さんは思いました。そんな娘の気持ちもいじらしく、複雑な心境です。

感情が昂っていた娘さんも、反対されることは覚悟していたけれど、気持ちを受け止めてもらえたので少し冷静になることができました。後日談ですが、もし反対されたら、家出するつもりだったそうです。

「産みたい」という気持ちは聞いたけれど、それからどうするのかと、また電話がかかってきました。受話器からの第一声は、「また失敗してしまいました」でした。「産んでも育てられないのではないか」と、暗に産まない選択を望んでいるように話してしまったということでした。でも、娘さんは、しずかにお母さんの意見を聞いてくれたそうです。

私はお母さんに、最終的には娘さんの選択を信頼しようと言いました。しかし、そのためには、「産む」という彼女の選択をも受け入れる覚悟が必要です。これはお母さんにはなかなか納得してもらえませんでした。何度も受話器の向こうからは「それでもやっぱり、産むのは……」という言葉が返ってきました。

そこで私は、娘さんになぜ産みたいのか、じっくり聞くことをすすめました。

＊　＊　＊

この間に、交際相手の男性の考えは大きく変化していました。最初は高校をやめて、働いて子どもを育てたいと言っていたのですが、時間が経つにつれて将来への不安が増して、産まないでほしいという意見に変わってきました。彼のことばを支えにしていた娘さんは、その変化に大きなショックをうけ、気持ちが揺らいでいました。

お母さんは、娘さんと話し合い、一人でも育てたいとまで考える気持ちに、本心から応援してあげたい気持ちになっていました。

でも、夫には何も話していなかったお母さん。夫にどう話そうかと考えるとしんどくなり、家を飛び出してしまいました。それを見た娘さんが、自分から父親に「妊娠していること」を告げ、「中絶を決めた」ことを話したそうです。

「長い道のりでしたが、娘自身が考えて出した結論です。私が覚悟を決めたとたんの結末です。おかしなものですね」と、お母さんは話されました。

手術は無事に済み、その後の精神的なケアもカウンセラーが引き受けてくれました。しかし、相手の男性への悔しい気持ちはおさまらず、しばらくはいら立ちを母親にぶつけてきました。そんな娘さんの気持ちが痛いほどわかるお母さんは、いつも聞き役に回りました。そして、聞くのがしんどくなったときに、電話をかけてこられました。

＊　＊　＊

お母さんは、相手の男性の家族の姿勢に疑問が残っています。「女性の親と男性の親という立場の違いがそう感じさせるのだと思いますが」と前置きしながら、男性側のお母さんは何度も謝り、許してほしいと言われるが、傷ついた心や体は謝って済む問題ではない。どうしたらよいかという相談もありました。私も男の子ふたりの母親ですが、その立場になったら相手の女性や家族にどうすればよいのか、難しい宿題をもらったようでした。

やがて娘さんの高校卒業後の進路も決まり、自分の道を歩みはじめた頃、また電話がありました。

「起こってしまったことは取り返しがつかないことだけれど、最初に娘の意見を聞いたことが、彼女が納得し、立ち直ることができた出発点になったと思います。もしあのとき無理に中絶させていたら、あの子の気持ちはズタズタになっていたと思います」と話されました。

子育てには「まさか」という出来事がつきものです。思春期の子どもだけでなく、いつの時期でも、親の意見を先行させるのではなく、まずは子どもの気持ちを聞く態度が問題解決の近道だと学んだ、そんな電話相談でした。

第5章
歯車の合わない子どもとのつきあい方

私自身の子育てをふりかえってみると、一番頭を悩ませたのが、歯車の合わない我が子とのつきあい方でした。きょうだいでも個性の違いがあるのは知っていたし、意識して同じように育てているつもりでもリアクションが違うのです。そのうち、親の言うことをよく聞いてくれる子のほうがやりやすいと感じ、反発ばかりしてくると、その噛み合わなさがやりにくく、ますます距離が離れていくのです。子どもの歯車のまわり方の違いにもっと早く気がついていれば、こんなにもおたがい苦労しなかったのではないかと、残念でなりません。

□わからないのは、わかろうとしていないこと□

私がこのことに気がついたのは、息子が一八歳のときでした。さまざまな大きな問題に直面し、子育てのやり直しを迫られていました。

子どもの気持ちをわかるにはどんな手立てがあるのかと、いろいろ考えました。そして、子どもが出しているサインは、「自分のことを理解してほしい」という意味だったことを知りました。その時私は、なぜ今まで子どもの気持ちがわからなかったのかと考え、そして、自分がわかろうとしていなかったという単純な事実に気がつきました。

息子がわかってほしいと思うときと、親が子どもを受け止めようとするときとの、時間のずれがあるのです。小さい頃は、歯車の合う子はじょうずに甘えてきます。ところが歯車の噛み合わない子どもは、親が忙しいときにかぎって甘えてくるのです。当然、「後でね」ということになります。

また、歯車の合う子どもの気持ちは手に取るようにわかるのです。ところが、歯車が合わない子どもの気持ちはよくわからないまま何となく信用できず、よけいな一言で子どもを傷つけることもあったのです。それが積み重なって、ますます子どもとの距離が大きく開いていきました。

気がついてから、子どもの歯車に噛み合うように努力をしました。大きくなっているので、多額のお金がかかったり、ヒヤヒヤしたり、不安だらけのやり直しでした。今から考えると、ずいぶん遅い時期からのやり直しではありましたが、やってよかったと思っています。今では、息子も親の努力をわかってくれるようになり、それに応えようと自分の生き方を考えています。

キャッチボールでも、子どもが投げてくる球はきょうだい一人ひとり違います。受けやすいボールを投げてくれる子どももいれば、変化球で勝負する子どももいます。受け手の親は、いつも同じ場所で待っていては球を受けることはできません。

「もっとじょうずに投げろ」といっても、相手は技術の未熟な子どもです。そんなときには、大人のほうが子どもの投げた球に合わせて受け方を変えてみる。そうすると、子どもとの心のキャッチボールも楽しくなることでしょう。

□子どもに聞いてみよう□

ある時期、相談の対象になっている子どもが「長女」ばかり続いたことがあります。お母さんは、初めての子どもでもあり、大切に育ててきた。しかし、女の子ということもあって「しつけ」は厳しくしてきた。親と過ごす時間はたっぷりあったし、甘えさせてもきた。なのにどうして問題ばかり起こすのでしょうか、というのが共通する相談の内容でした。

子どもも一緒に面談に来た時に、「お母さんは甘えさせてくれましたか」と聞いてみました。彼女は「弟ができてからは、あまりかまってもらえなかった」と答えてくれました。親は十分接してきたつもりでも、本人の実感とは違うのです。お互いのこの「ズレ」は大きいように思います。

毎日顔を合わせているのに、あらためて聞くのは何となく気恥ずかしいものです。でも、ある程度子どもが大きくなってきたら、折にふれ聞いてみてはどうでしょうか。

・あなたは親から大切にされてきたと思うか？
・あなたは親から信頼されていると思うか？
・親はいつも意見を聞いてくれたか？
・親をどのように思っているか？
・怒られたり誉められたことで覚えていることはどんなことか？

小学生なら本音で話してくれるでしょう。中学生や高校生は照れくさがるかも知れません。それでも、親が自分のことを気にかけていることは伝わります。子どもだって、お父さんに「お母さんと結婚して幸せだったか」とか「もし、もう一回結婚するとしたら誰がいい？」などと聞いてくることがあります。ことばで聞いてみたいのです。

暗黙の了解でお互いに分りあっていると思い込まないで、大人からことばに出してコミュニケーションしてみましょう。「ムカック」とか「ウルサイ」とか、数少ないことばで自分を表現している子どもたちよりも、大人のほうがことばでコミュニケーションを取るのが苦手なのかも知れませんね。

もし、「ノー」が多かったら、どんな時にそう感じるのかを聞いてください。親としての言いわけや理由も話したいところですが、子どもが話してくれている素敵なチャンスです。最後まで謙虚に聞きましょう。そして子どもの実感を大切にして、親の気持ちも伝えましょう。何かが起こったときにあらためて聞いてみるのも、問題解決の糸口になるかも知れません。

自分の育ちを振り返る

一九九八年四月。私は必死でワープロに向かって『ちょっと気になる子どもと子育て』の原稿を書いていました。あれからもう三年がたっているのです。この間に、続けざまにショッキングな少年事件が起こり、多くの親がますます子育てに不安を感じています。

私は本を書くにあたって、誰に読んでほしいかをまず考えました。ちょうど歌手の安室奈美恵さんが出産したというニュースが流れていました。二十歳という若い年齢での出産と子育てです。もちろんサポートしてくれる人はたくさんいるだろうけれど、若いお母さんだったらどんなことに悩むのだろうか、子どもの気持ちをお母さんに伝えるにはどうしたらよいだろうかなど、彼女をイメージしながら筆を進めていきました。

気をつけたことは三つあります。一つはできるだけ短い文章にして簡単にすぐ読めるようにすること。二つ目は専門用語は使わずに誰にでもわかる表現にすること。そして、子育てはいつも「応用問題」だから、ハウツーではなく、具体的な子どもの行動から何を感じとるのか、その考え方を書くということです。

おかげで多くの子育て中のお父さんやお母さん、おばあちゃんにも読んでもらうことができました。「本を読みました」といって相談の電話がかかることも度々あります。

『ちょっと気になる子どもと子育て』を私が担当している大学のゼミのテキストに使ってみました。子どもの発達を理解し、子育てを考える手がかりにすることがねらいです。授業の最後にレポートを書いてもらってまとめをしました。テーマは「テキストを読んで自分の育ちを振り返り、子育てを考える」という内容です。

集まったレポートを読んで、学生さんたちが真摯に自分の育ちを振り返り、親との関係を問い直したり、将来自分が親になったときのことを考えたりと、自分の生き方にまで及んだ内容となっていることに驚いてしまいました。そのなかからいくつかを紹介します。私の判断で文章の一部を省略させてもらいました。

〈テキストを読み自分の育ちを振り返ってみた。自分はおそらくテキストにあった「歯車の噛み合わない子ども」に近い存在であったと思われる。親からは「小さい頃よくぐずって大変だった」と聞かされてきたが、私は上手に甘えられず、いつもどこかで親の反応を気にしているところがあった。もう一つ感じるのは親があんまり人の話を聞かない人だった。「どうせ話は聞いてもらえない」と無口になっている自分に気づいたのは最近のことである。五十年間も生きてきた人間はそう簡単にはかわれないと思うと、この問題に限っては親子関係というより「話を聞かない人」との上手な付き合い方を学ぶつもりで向き合うのもなかなか面白いかもしれないと思う。〉（女子学生）

〈私がテキストで印象に残ったところは、「自分にとってどれだけ大切なあなたであることかをことばと行動で示すことが必要」というところです。なぜなら、母はいつも私に対してそうだったと、今になってわかりだしたからです。しかし、そんな母が台所の隅で泣いているのを見たことがあった。優しい母でも、子育てがいやになり子どもがかわいく思えないことがあったそうだ。その時に話を聞いてくれる人がいたからやってこれたそうだ。自分の育ちを振り返って多くのことを母親から教わったとテキストは気づかせてくれた。〉（女子学生）

〈テキストを読んで内容を振り返ると、安心した気持ちになっている自分に気づいた。実際子育てはしていないけれど、自分なりの子育てができそうな気がする。今までの人生でいろいろなことがあったが、私は両親が大好きだ。疲れのたまっている両親に初めてクリスマスカードを書いて枕元に置いた。両親はかけがえのない存在で感謝していること、そして大学を卒業してからどういう大人になっていきたいかを書いた。朝起きて両親は「ありがとう」といってくれた。自分の気持ちを親に伝えることは、私が残してきた育ちの「宿題」でもあった。〉

（男子学生）

最後に紹介するのは、障害児学童保育のボランティアをしたり、福祉の仕事に大いに関心をもっている学生です。彼がまさかこんな体験をしていたとは、驚きと腹立たしさで何ともいえない気持ちになりました。

〈つい最近、母と「子どもはかわいいか」という話をした。僕が生まれた瞬間はかわいいとは思えなかったそうだ。この子をどうやって育てていくんだろうという漠然とした不安があったという。その後、母乳を飲ませたりおむつをかえたりしている間に、すごくかわいいと感じてきたそうだ。それにしてもあまりからだが強くない小柄な母が、よくここまで僕を大きくしてくれたものだとあらためて感謝している。

僕の子ども時代といえば、まず思い浮かぶのがおとなしいという印象である。自分にとっては別におとなしいわけではなく、内的にはかなり明るい考えを持ち、非常におおざっぱで細かい作業は苦手といったところだ。友だちといるときは明るい方で、大人に対してのみ顔色をうかがい、恐いという考えしかなく、そのころからある意味ではひねくれていたようである。これには訳があり、テキストの副題にあるように、子どものサインに気づいて欲しかった理由がある。

幼稚園時代、僕がもっとも好きだった「お店やさんごっこ」があった。お店に並べる品物を自分達でつくるのだが、大事なノリをなくしてしまい一人さびしく探しているうちにお昼ごはんの時間になってしまった。その時「なくしました」とひとこと先生に言えばよいものだが、僕の通っていた幼稚園の先生は子どもに手を挙げることを常としていた。そんなこともあり僕は帰りの時間までノリをさがし続けることになる。帰りのバスの時間になりようやく先生が「どうしたの?」と聞いてくれたが、「何ですぐ言わないの!」と責められ、幼稚園のすべての先生が僕を取り囲み、殴る蹴るの暴行を受け続けた。起き上がっては倒され、先生の足が僕を目がけて勢いよく跳んでくる、その足を鮮明に記憶している。周囲の子供たちも、先生たちの暴力はあたりまえと感じていたので、見て見ぬフリをするだけだった。それ以後、おそらく現在もなお、先生や女性に対して恐怖感や強いコンプレックスを抱いてしまっている。

その日から僕は、少なくとも僕の中では自分の殻に閉じこもっていたので、そのことを母親に気づいて欲しかったと今でも思う。〉

（男子学生）

＊　＊　＊

私が初めて仕事に就いた知的障害者の生活施設では、入所者への暴力が常態化していました。その時の理由は「口でいってもわからんときは、からだで覚えさせる」でした。反発を覚えながらも、新人の私は「暴力反対」とは言えず、悔しかった思いは消えません。その後、障害者施設での人権を守り、発達を保障する処遇をめざし「施設問題研究会」を仲間で立ち上げたことを思い出します。それは三十年前のことでした。

彼が幼稚園の頃といえば、今から一五、六年前です。そして今も、子どもが頼りにする一番身近な大人たちが、「しつけ」という名目で「虐待」している現実は無くなってはいません。やっぱり大人の責任が問われています。

彼はレポートの最後に、将来は児童相談所のケースワーカーの仕事をしたいと書いています。自らの体験を生かす仕事を選んでくれていることに、明るい未来を感じます。そんな若者を後押しするのも、少し先を歩く私たちではないでしょうか。

第6章
ピンチをチャンスに

子育ては思いもよらないことの連続で、「まさか！」と叫んでしまうことが起こります。拍手喝采を送りたいようなうれしい出来事もありますが、途方に暮れる「事件」に出くわす場合もないとはいえません。驚きで頭が真っ白になっている状態で冷静な対応は難しいのですが、子どもが「困ったこと」を起こしたときの親の適切な対応はとても大切です。そのときの「ひとこと」で子どもが救われたり、傷つくこともあるのです。

大きな問題を乗り越えるには、親子ともにエネルギーがいりますが、これまでの子育てを振り返るよいチャンスでもあります。そして二回目、三回目をつくらないためにも、ふだんから考えておきましょう。

一番大切なことは、起こったことを責めても問題解決にはつながらないということです。『なぜ』を真剣に考えましょう。

□学校に行かなくなったら□

今はもう無理に学校へ行かせることは少なくなりました。それでも親はなんとか学校へ行ってほしいと思います。しかし、親がそう思っているかぎり、問題の解決にはつながらないのです。なぜなら、子どもは親以上に学校へ行かなくてはと思っていることもあるからです。

「行きたいけれど、行けない」のか「行きたくない」のか、子どもによって理由は違うと思います。いずれにしても「学校はほんとうに通わなくてはいけないところなのか」というところから考えてみてはいかがでしょうか。このように書くと、学校の先生から叱られますが、「行くべきところ」から話しはじめると、子どもと噛み合わないことが多いのです。

学校は「行きたいから行くところ」で、自分をこわしてまで「無理して行くところ」ではないはずです。まず、「行きたくない」子どもの気持ちを尊重して、そして何がその原因なのかを探ってみましょう。もし、学校という枠組みを取り払ったところで、子どもが活き活きしているのなら、それを認めてあげてもよいのではないでしょうか。それとも、行けないことで苦しんでいるとしたら、学校の先生と話し合い、保健室登校など模索し、じっくり待ちながら糸口を見つけましょう。

□いじめ□

何人もの子どもたちが「いじめ」が原因で命を絶っていることに胸が痛みます。でも、なぜもっと早く気がついてやれなかったのかと親を責めるコメントを見ると、無性に腹がたちます。なぜなら、子どもは親に心配をかけたくない一心から、親に話さないことが多いからです。話してくれたとしたらそれはよっぽどのことで、決して軽くみないで、すぐに学校と話し合うなどの手を打たなくてはいけません。

いじめの現場は、おおむね学校です。本来なら、先生方が子どもたちのようすに気を配り、少しの変化も見のがさない態度で望んでほしいのです。もちろん、先生が子どもを虐めるのはもってのほかです。とはいえ、学校だけに責任をかぶせても、子どもに降りかかっている災難は消えません。家庭でも子どものようすに気を配り、子どもから言ってくれるのを待っているのでは遅い場合もあるので、親から話を持ちかけてみましょう。

「いじめられる側にも悪いところがある」という理屈を子どもに押し付け、「いじめなんかに負けるな」と励まして学校に行かせることは、決してよい結果を生みません。場合によっては「学校へ行かない」という自衛策もあるのです。傷ついている子どもの立場を理解して、子どもを守ってあげましょう。

その一方で、いじめている子どもも傷ついています。おおむね、いじめている子どももいじめられた経験をもっています。そのとき助けてくれなかった大人たちへの怒りが、他の子どもに向いているようにも思います。いじめる側、いじめられる側、そのどちらにもおとながきちんと適切に対応すれば、いじめはなくなると思います。

□LDやADHDと言われたとき□

落ち着きがない、勉強ができない、友人関係がうまくいかないなど、さまざまな症状があります。学校から指摘を受けて専門機関を紹介され、そこでLD（学習障害）やADHD（注意欠陥多動性障害）と診断され、びっくり仰天して当相談室にこられるというケースが増えています。乳幼児期からの育ちを聞くと、「そういえば保育園の先生から言われたことがあったが、そんなに気にしていなかった」と話されることが度々あります。

これまでは、「やんちゃな子」「手がかかる子」「かわった子」で済んでいたのが、この分野の研究が進み、障害像が明らかになってきました。結果、障害名がついてびっくりしているというのが現状ではないでしょうか。

私は、障害というレッテル貼りだけをするのはまちがっていると思います。ただし、子どもの抱えている困難を理解したり、あるいは適切な手だてを考えてやることは必要です。特に学校の先生との相互理解や連携は欠かせません。さまざまなことを習得していくことに困難があり、学力の低下もあります。学習面での工夫や、友人関係を調整することなども必要です。

家庭でも手だてが必要です。特に経験不足になりがちなので、家の手伝いや、親も子どもと一緒にゆったりした楽しい時間をもちたいものです。

子どもはほめられる体験よりも、注意されることのほうが多くなってしまいます。「自分はダメだ」と自信がもてなくなるので、子どもの『いいとこ探し』をしてあげましょう。そして、子ども自身も自分の状態についての認識が深められるように働きかけることが大切です。

最近は参考になる本もたくさん出ています。また、親の会も各地で結成されています。親だけで悩んでいないで、専門家の力を借りたり、共通の悩みを語り合う機会をつくりましょう。

□学校から呼び出しがあったとき□

校則違反かトラブルか、あるいは成績のことか、子どもは親がなぜ呼び出されるかを知っています。子どもからあらかじめ事情を聞いておくのもよいでしょう。学校や担任の先生によって、対応がずいぶん違いますので一概には言えませんが、子どもの話と食い違うこともあります。いずれにしても、先生の話はしっかり聞きましょう。そして、学校や担任として、どのような指導をしようとしているのかを把握します。

家で子どもと話し合う時は、やはり子どもの話を最後まで聞きましょう。子ども自身がどのように考え、学校の指導を理解しているのか、あるいは納得していないのかも聞きましょう。そして、親の意見も話して、一緒に方向を考えましょう。

退学や停学、出席停止、自宅謹慎などの処分があるときは、親の見栄でかっこわるいと子どもを責めるのだけはやめたほうがよいと思います。処分にあまりこだわらず、問題の本質を見きわめることにエネルギーを注いだほうが効果的です。子どもと話すよいチャンスです。

学校へ行く時はメモと筆記用具は忘れずに。

□警察沙汰になったとき□

「こちら○○警察署ですが、△△さんのお宅ですか？　息子さんを預かっているのですが、警察まできていただけますか」と電話がかかってきます。もうびっくり仰天して、足が震えてきます。なぜか健康保険証を鞄に入れたりして、あわてて財布を握ってタクシーに飛び乗ります。電話でわけは詳しく話してもらえず、いったい何をしたのかと不安はつのります。

はじめに警察官から詳しい状況が説明され、そして子どもと会うことになります。人前なので、どのように子どもと接したらよいかとても迷いますが、親の体裁だけで大声でどなったりしないほうがよいのではないでしょうか。たいていは、親がくる前に警察官から子どもへの注意が行われていて、十分に子どもは怒られているのです。冷静に、びっくりしたことや悲しいことなど、率直に気持ちを伝えましょう。

そのまま家へ引き取れるようなら、一緒に帰りましょう。緊張が解けてはっとしているので、子どもはお腹がすいています。家で何か作って一緒に食べてもよいでしょう。話はそれからゆっくりと、まずは子どもの話をじっくり聞くところから始めましょう。

警察へ行く時にも、メモと筆記用具は必ずもっていき、聞き漏らすこともあるので、しっかりと記録しておきましょう。対応してくれた警察官の名前も書き留めておきましょう。迷惑をかけた相手があるときはそれも忘れずに。

児童相談所や家庭裁判所に出向く時も、せっかくのチャンスですから、そこの人たちの力もかりて、子ども自身が考える機会にしましょう。

□ひきこもり□

現在、数十万人とも百万人とも言われ、最近、テレビ番組や新聞で紹介されるようになり、にわかに注目を浴びています。「社会的ひきこもり」とも言われています。

社会に出ていきたいけれど出ていけず、家から出られない状態を「ひきこもり」と呼んでいます。現在は家から外に出ているけれど、社会や人との接触は断っているという場合もあります。また、長期にわたり「ひきこもり」状態でいることもあり、二十歳、三十歳を過ぎている方が多数います。

もし、あなたの子どもが「ひきこもり」状態で、どこにも相談できずに家族だけで悩んでいるとしたら、すぐに専門家の門をたたいてください。家庭のなかで起こっていることなので、なんとか家族の力だけで解決したいと思いがちですが、それでは親子ともに負担が増すだけです。残念なことにサポート施設や相談機関が少なく、身近に相談できるところが無いという地域もありますが、少し遠くても、一度でも子どものことを話すチャンスを作ってみることです。

また、「このごろ子どもが部屋にこもったままだ」「外に出かけなくなった」というときに、もう少し様子を見ようと思っている間に二、三年が経ってしまったということもあります。あるいは、親が気づいていないという場合もあります。

「ひきこもり」の理解は難しく、子どもの気持ちがわかりにくい、とても難しい問題です。いずれにしても、すぐに解決したり、いずれ解決したりするということではないように思います。何らかの方向性をもってまわりが接することが必要ではないでしょうか。ただし、解決を急ぐことはかえって問題を深くするでしょう。

「ひきこもり」にはさまざまな要因や遠因が考えられますが、親子関係もその一つにあげられるのではないでしょうか。子どもが出している大きなサインです。「厄介だ」「困ったことだ」「そんな子に育てた覚えはない」などと拒否的にならずに、子どもも苦しんでいるのですから、その悩みを一緒に考える姿勢と、これまでの子育てを振り返り、もう一度親子関係をやり直す構えが必要ではないでしょうか。

□自分の身体を傷つけるとき□

薬物依存、妊娠中絶、過食や拒食などの摂食障害、リストカットなど、さまざまな場合が考えられます。表面に出てくるのは身体のことですが、すべて心の問題と直結していると考えてまちがいはないと思います。深い心の傷が子どもの身体を傷つけているのです。

これはもう、親だけで解決しようと思わず、ためらわずにすぐに専門家の力を借りるべきです。第三者のアドバイスをもらい、親としての責任を果たしましょう。

そこまでして自分を傷つけるのには、かなりの『わけ』があるのです。どれも、簡単には解決できないことばかりで、相当時間がかかるという覚悟が必要です。しかし、「なぜ？」と問いかけても、子どもからの答えは簡単には出てきません。まず親自身が考えてみましょう。そして「こう思うのだけれど、あなたの気持ちと合っているかしら？」と聞いてみてはどうでしょうか。

薬物依存からの脱出

「中学二年生の子が、近頃ようすが変なので心配です。少年事件も起こっているし、このままほおっておいてよいでしょうか」

こんな電話がかかってくるようになりました。子どもが起こすショッキングな事件は、多くの親を不安にしています。

黒田洋一郎さんが「ヒトはなぜヒトを殺すのか」という文を、朝日新聞に書いておられました。(二〇〇〇年六月八日付夕刊)

「ヒトの脳は一般的に他の動物と異なり、同じ種を殺さない遺伝的な抑制の仕組みを持っていない。人は種内殺戮を頻繁に行う『特別な生物種』なのである。したがって、ヒトの集団の中では、一般にタブーや宗教、しつけや教育によって『ヒトを殺すな』と教え込んでいるが、それは必ずしも成功していない。」その背景として、子どもたちが化学物質や、社会環境による多重複合汚染におかされ、脳そのものに変化・障害が起きていることを述べ、「正常な意思決定をする人間を育てるには、脳を取り巻く健全な化学的環境と、家庭・社会環境がともに必須なのである」と結ばれています。

「いのちを大切にする」ことは、人間が生まれもってわかっていることではなく、おとながが子どもたちに伝える役割があるのだとあらためて学んだ文章でした。

＊＊＊薬物依存は子ども社会にも

いのちを大切にすることの延長線上に、「薬物依存」の問題があります。

ある幼稚園での子育て講演会の後、一人のお母さんに呼び止められました。「娘が薬物を使っているようだが、どうしたらよいか」という相談でした。後日、話を聞くことにしました。

「高校生だが、学校にはほとんど行っていない。夜に出かけて、朝方帰ってくる。薬物を使っていることは、たまたま家に来た友だちが教えてくれた。本人に問いただしても『していない』というが、ようすが変で、シンナーの匂いがするときがある」「小さい頃はおとなしい子で、親のいうことをよく聞いてくれた。中学あたりから口答えするようになり、しだいに生活が荒れてきた。子どもの気持ちをわかってやろうと思うが、今は話してくれないので、何を考えているのかわからない」……こんなふうに、困惑している胸の内を話されました。

私が一番問題に感じたのは、娘さんのことを、お母さん一人が背負っていることでした。「お父さんはどんなふうに関わっているの?」と聞くと、「父親は暴力的で、もしこのことを知ったらすぐ殴ってしまうだろうし、怖くて話せない」とのことでした。

いくつかの方法をアドバイスしましたが、お母さんは「お父さんへ話すこと」に踏みきれませんでした。暗い表情のまま帰る後ろ姿に私は、あまり力になれなかった申し訳なさを感じていました。

有名人が覚醒剤使用で逮捕されると、「なんてバカなことを」と人ごとのように思ってしまいます。しかし、実は子どもたちを取り巻く社会のなかに、覚醒剤をはじめとするさまざまな薬物があふれているのです。薬局に売っているかぜ薬や睡眠薬でも、使い方によっては中毒症状になる場合もあり、覚醒剤も一万円あれば入手できるのです。つまり、その気になれば、いつでも手軽に手に入れることができる社会なのです。

薬物体験は、興味本位か、友だちに勧められて断われなかったなど、軽い気持ちから始まります。ですが、そこからが泥沼となり、青春時代を薬物依存で塗りつぶされてしまいます。そして、そこから抜け出すために、また長い時間を必要とします。

できることなら、薬物依存の世界に足を踏み入れずにすむ生き方を選んでほしい。でも、もし苦しんでいる子どもたちがいたら、大人はそこから救い出すためにたくさんの手を打ち、苦労をともにしなくてはいけません。数か月という短い時間ではありません。何年もの月日がかかります。

＊＊＊きっかけはどこにでも

次に、十年あまりの薬物依存から抜け出そうとがんばっている青年から聞かせてもらった話を伝えたいと思います。

二六歳のＡさん。中学のときから「クスリ」にはまって約十年が経ちます。今はこの地獄から抜け出そうと、自助グループの活動に熱心に参加しています。「今は被害妄想や鬱状態になったり、クスリのせいで病気が進んでいる。そこから抜け出したいし、次やったら先がない、体もつぶれてしまう。最近それがわかるようになってきた。今ほんまにクスリをやめたい」というAさん。

しかし、ここまでの道のりは簡単ではありませんでした。

いったい彼は、どういう経過でこの泥沼にはまっていったのでしょうか。

始まりはカンタンなことでした。中学生のとき、先輩が持ってきた「睡眠薬」を、「お酒と一緒に飲むと気持ちが良くなる」といわれて、断われずに飲む。最初はふわーっとした気分で、寝てしまったそうです。これだけで終わっていればよいのですが、問題はこれからです。もっといろんな「クスリ」を試してみたいという好奇心から、友だちどうしでカッコつけて、競いあうのです。彼がシンナーやマリファナを吸うところまでは、そんなに時間はかかりませんでした。

マリファナは一グラム三千円程度とそれほど高価ではなく、彼曰く、どこでも手に入るそうです。最初は友だちが持ってきて、家で吸っていたけれど、そのときは友だちが暴れたりしないか、誰か部屋に入ってこないかと心配で、楽しむどころではなかったそうです。

でも、二回目からは余裕もでてきました。マリファナは睡眠薬とは比べ物にならないぐらい、「これこそドラッグだ」という感じ。お酒をべろべろになるまで飲んだような状態で、周囲がまわりだし、ちょっとしたことでも面白くなるそうです。

中学から高校へと進み、一か月に一回、長く間があくときは半年に一回ぐらいの割合で、クスリとはつながっていました。

彼がクスリに深くはまっていったのは、高校を卒業し、独り暮らしを始めたときからでした。覚醒剤が手放せなくなり、どんどんのめり込んでいったのです。

最初の頃は、一週間働いて金曜日にクスリを買いに行くという、週末のお遊びでした。ところが、しだいに金、土、日、月、とクスリを使う日が増えてきました。火曜日も身体がだるく仕事を休んでしまう、そんな生活になってきました。

少しでもお金が入ると、まずクスリ分を確保し、残ったお金で生活するようになります。働くことが減って収入も少なくなると、実家へ帰り、親にうそをついてお金をもらったり、家のお金を盗んでクスリ代に当てるようになりました。

覚醒剤は結晶状のものを水に溶かし、注射器を使います。値段は、大阪で買うと〇・三グラムが一万円、京都ではもう少し量が増えて二万円ぐらいだそうです。

お金がなくなると、手軽に買えて値段も安い咳止め薬を使います。ぐっとひと瓶飲むと、それほど気分のよいものではないけれど、元気がでてきて嫌な仕事でもがんばれるのだそうです。はじめて飲んだときは、「眠たいけどゲンキ」という感じだったそうです。他の栄養剤とどう違うのかと聞くと、「飲むとすぐ感覚が変わり、ゲンキがでるので、栄養ドリンクの百倍はよく効く」と教えてくれました。しかし、中毒症状はきつく、クスリの切れ目がとてもしんどく、イライラして汗が出る、寝ていても身体がだるく、どうにもやりきれないそうです。しんどさの切れ目が怖いから、また飲んでしまうという悪循環が待っています。

クスリ漬けになっていた時期は、お金を出してくれない家族に物を投げたり、家具をこわすなどの暴力もふるうようになってきました。しかし、もっと深刻だったのは、やがて彼を襲う幻覚や妄想でした。そのころ、一緒にクスリを使っていた友だちが亡くなります。それをきっかけに、警察に追い回されているという妄想がひどくなり、その不安を振り払うため、またクスリを使いました。

もちろん、家族は息子の変貌ぶりにおどろき、精神科の医者に相談します。しかし、そこでは境界例と診断され、薬物依存にはふれられませんでした。その診断をたよりに入院先を探しましたが、うまくいきません。

薬物依存は、家族に予備知識があるか、本人からの訴えがないと、診断は難しいようです。それでも「あのとき、薬物依存の可能性も教えられていたら、もう少し早く対応できたのに」と悔やまれます。その後、交通事故をきっかけに薬物使用が発覚し、専門病院での治療が始まりました。しかし、そうかんたんには薬物依存から抜け出ることはできず、お手上げ状態でした。

それでも、お父さんもお母さんも息子を見放さず、ヒヤヒヤしながらずっと見守りつづけました。親にはいつも「いいわけ」を考え、誰かのせいにして自分の責任を逃れようとしていた、と語るAさん。今思うと親に守られていたと思うが、当時はクスリを買うために親をだますことしか考えていなかったと言います。

どん底状態になった彼は、自分の頭が変になってきていることに気づきはじめます。何とかしたいと希望して入院するのですが、何度も入退院をくりかえします。「入院でクスリをやめるのは簡単だけど、よくなったと思って退院した後、クスリの誘惑に打ち勝つことが難しい」のだそうです。医者からは自助グループへの参加を勧められました。クスリの誘惑に打ち勝つ精神力を一人で培うことは難しい。そのためにも、同じ悩みをもつ人が支え合う自助グループが必要なのです。

初めてグループに行ったのは四年前でした。そのときは自分よりもひどい症状の人ばかりだと思ったそうで、長続きしませんでした。半年前からは、別のNA（ナルコティクス・アノニマス）という自助グループに通っています。二四歳が最年少で、彼は二番目に若く、後は二十代後半から三十代、青春時代をクスリで塗りつぶした人たちばかりです。

彼は、二年間クスリをやめている人が言った一言「明日はクスリを使うかもしれない、それでも、今日一日我慢しようと思う」という言葉に、今日一日を大事にしていることがいいなと感じて、グループに通いつづけているそうです。

＊＊＊自分の育ちを振り返る――親にしてほしかったこと

私は「これまでの人生で最も辛かったことは？」と尋ねました。即座に、今の状態以外では、小学校のとき習いごとが多くて友だちと遊べなかったことだと、Aさんは答えました。ピアノ、ラグビー、水泳、家庭教師、バスケット（これは友だちがいたから自分でいきたかった）、と毎日何かがあり、友だちと遊べるのは火曜日だけだったそうです。テレビも「頭がおかしくなる」と三十分しか見せてもらえず、学校での友だちどうしの会話に寄れなかったのです。彼は、「今、もっとおかしくなってるのにな」と笑い話にしてくれましたが、その時は深刻な問題でした。

彼なりに親にも気持ちを伝えようとしましたが、根が「親の言うことをよく聞くよい子ちゃん」なので、親の言うことを断わるのは悪いことだと思い、強く言えなかったそうです。放課後の時間がしばられていたことで、人生の大切なものを失った気がする。遊べなかったことを今でも根に持っているし、その時のことを夢に見ることがある、と話します。

楽しい思い出のなかった小学校から中学に進むと、友だちが増えていきます。その頃は、悪いことをする仲間でも、友だちといるだけで楽しかった。高校では、バイトもできるし、時間もあるし、女の子とも付き合える。彼は小学校時代には味わえなかった自由を満喫します。しかし、その延長線上にある「薬物」の誘惑にもはまっていったのです。

次に私は「薬物の世界に染まらないで生きるために、どんなことが必要？」と質問しました。彼は即座に、「小、中学校のときに、子どもをしばらないこと」と答えました。高校時代がターニングポイント。いきなり自由になったとき、自分で判断できる力が必要だと言います。「いつも言われたとおりしていたら、自分に自信がなくなり、劣等感のかたまりになっていた」「小さいときから、自分でやってみて失敗する経験が大切や。言われたことばかりしているイエスマンだと、失敗が怖くて自分では何もできひん。いつのまにか劣等感のかたまりになっていた」と話します。

親は「～したら～なる」ことが分かっているけれど、子どもは実際にやって失敗しないと分からないのです。「親が勝手に道をつくったらあかん。子どもは危なっかしいけれど、信頼してほしい」と言うAさん。小学校時代の危なっかしいことなど大したことはないが、大きくなってからはたいへんだということを想像してほしい、とも話してくれました。

さらに彼は、「ある日突然、おとなになるわけではない。二十歳になって、もうおとななんだからしっかりしなさい、と言われても困る。問題を乗り越えた後におとなになることもある。自分の場合を考えると、クスリが乗り越えられた後におとなになれる気がする。

それは、とてもリスクの多いことだけれど、今からでも遅くないと思う」と決意を語ってくれました。

最後に、「どうなったら、薬物依存から抜け出たことになるの？」という質問に、「それは、自分が死ぬとき、あれから一度もクスリを使わなかったな、と振り返ることができるかどうかで、誘惑に勝つ戦いは一生続くもの」と、一度はまったら抜け出すことが厳しい「クスリ」の世界を話してくれました。厳しい表情で話す彼から、クスリの怖さと、その道に踏み込まないことの大切さをひしひしと感じました。

嵐のような十年間で彼が発見したのは、「自分づくりに必要だった、おとなからの援助」でした。このことは、子育てに立ち向かう私たちにさまざまなことを教えてくれます。「困った行動」を通してサインを送っている子どもたちに対して、今だからできることがあるはずなのです。とりわけ、小学生の時期にたくさんの失敗につきあい、危なっかしさを見守る勇気が必要だと、あらためて思いました。

子どもたちは自分の足で歩きながら人生をつくっていくのです。いつからでも遅くないのです。彼は、「だってひとつしか人生、生きられへんのやから」ともいいました。

第7章

「させる」をやめて、子どもといっしょに

□目標は子どもが考えるもの□

私はかねてから学校に努力目標があることに疑問をもっていました。「元気で明るい子ども」「あいさつのできる子ども」「健康な子ども」など、内容の違いがあっても、どこの学校にも掲げてあります。この目標は、先生方が考えて、子どもたちに課しているものです。

そこには「こうなってくれたらいいな」との思いがこもっているのだと思います。確かに「元気で明るい子ども」は悪くない目標です。しかし、子どもに「このようになれ」と目標を掲げても、子どもは自分で努力できるのでしょうか。むしろ、先生方が「元気で明るい子ども」を育てるために必要な教育目標をもつべきではないかと思います。

「あいさつ」は、先生が率先して子どもにしてくだされば、子どもはそれを見て覚えます。「健康な子」とは、たくましい身体づくりを指していると思いますが、病弱の子どももいるだろうし、障害のある子どももいることでしょう。一律に「健康をめざせ」といわれても無理があります。一人ひとりの条件を考慮した身体づくりの指導が必要です。

目標はあくまでも自分がもつものです。他人に目標を課してそれでがんばれというものではないと思うのです。あえていえば、先生自身が努力目標をもち、指導にあたるというのが本筋ではないでしょうか。

□プレッシャーに壊される心□

家庭においても学校と同じように、親が子どもに目標をもたせてがんばらせようとします。子どものことを考えてのことなのですが、ほんとうにそれでよいのでしょうか。家庭の場合は学校の目標よりもっと具体的で、学期ごとの成績や、○○校への受験など、結果が出るものです。「マンガばかり読んでたら受験に失敗するよ」と脅かしながら、目標達成のために親子でがんばることもあります。また、勉強以外でも、部屋の片づけや門限、家の手伝いなど、子どもに目標を課して、できないと怒る。これもよくあることではないでしょうか。

目標をもつなと言っているのではありません。自分以外に目標をつくるなと言いたいのです。目標はあくまでも自分がもつものです。

とりわけ子どもに対しては、つい親心から子どもへ目標を押しつけてがんばらせようとします。「こんな子に育ってほしい」と親なら誰もが考えることです。必要なことは、親としてその目標のために努力することではないでしょうか。

自分以外の人に目標をもたせて、それに期待する……。それだけでも、目標をもたされた人にとっては大きなプレッシャーとなります。その重圧をはね除ける力があれば問題はないのですが、そうでない場合の心の負担は相当なものです。子どもたちはおとなからのプレッシャーで心を壊されてきているのではないかと感じます。

考えてみれば、大人社会においても同じことが起こっています。リストラの嵐が吹き荒れる会社で、家族の期待を一身に背負って働いているが、いつ自分がリストラされるか分らないと考えただけでも気が重くなる。家族のことを考え一生懸命働いても、その期待に応えられないときもあるのです。そんなときに目標だけがあっても空しいばかりです。

□「……させる」から「……しよう」へ□

「勉強しなさい」と言って、子どもは勉強するのでしょうか。やらないとわかっていても「つい」発してしまう言葉です。「ちゃんとしなさい」というセリフも、一日に何度口にしてしまうでしょうか。

「子どもは言わないとしない」という前提で子どもを見ることをやめてはどうでしょうか。学校でも家庭でも「させなかったら何もしない」のではなく、子どもがやりたくなるような努力や工夫をすることに力を注ぎたいと思うのです。

この子は何に意欲をもって生きているのかを知ろうとして子どもと向き合うと、これまでとは違った子ども像が見えてくるかもしれません。子どもなりに一生懸命考えてやっていることを受け止めてみましょう。

たとえそれが親として「望まないこと」であっても、子どもなりの「わけ」があるはずです。それを知った上でないと、親子での話し合いは成立しないでしょう。

そして、親の「してほしいこと」を子どもに伝えたいときには、「させる」ではなくて、いっしょに「しよう」と呼びかけてはどうでしょうか。親子で共通の目標をもって活動できるチャンスです。

しかし、そううまく親の思い通りに物事がすすまないこともしばしばあります。そんな時は、ちょっと極端ですが、子どもは『生きているだけでいい』と思うことです。どんなことがあっても、自分の命を粗末にしてほしくない、そして、人の命も大切にしてほしい、このメッセージが子どもに届くまで、親としての努力は必要ではないでしょうか。

とはいっても、親だけですべての問題を抱えるには限界があります。そんな時はためらわずに専門家の力を借りましょう。第三者に話すだけでも問題が整理されたり、わかりにくかった子どものサインの意味が理解できたり、何より誰かに聞いてもらうことで心のつかえが降り、すっきりした気分になれます。問題の解決に立ち向かうには、親も一歩踏み出してみましょう。

冒頭に、子育ては家庭で取り組むことと、学校や地域、社会で大人が力を合わせて取り組むことの両面があると書きました。親だけで悩んでいるのではなく、困難な時こそ、同じ悩みを持つ親どうしのつながりをつくり、地域や社会全体の問題として積極的に問題提起をし、『みんなでいっしょに子育てしよう！』と呼びかけましょう。だって、子どもはみんなの宝物なのですから。

地域や近くの仲間に声をかけ、ちょっと勇気を出して自分の悩みを話す。そんな一歩をふみ出してみましょう。きっと応えてくれる仲間と出会えます。

あとがき

あるとき、相談にきている小学一年生の男の子からこんな質問を受けました。

「先生は、なんでらく相談室してんの？」

とっさに答えられなかったので、「なんでやとおもう？」と聞き返しました。すると彼は「たくさんの子どもと会うためやろ」と言いました。「そうか、そのために私は仕事をしているのだ」とあらためて考えさせられたひとときでした。

この本の原稿を書いている間、次から次と相談にきてくれた子どもたちやお母さん、お父さんの顔が浮かんできました。一回きりの相談もあれば、何度も足を運ばれた方もおられます。大きな問題に直面して、親御さんと私も途方に暮れてしまうこともたびたびでした。

思春期から青年期、それは子どもたちがもっとも自分の生き方について悩む時期です。親もはじめて出くわす子どもからの大きなサインにとまどうことも多く、手探りで子どもと向き合っていかなくてはいけません。そんな時にもっと気軽に相談できるところが身近にあれば、親も子も助かるのにと思います。

らく相談室は「コミュニケーションの悩みの相談にのります」というキャッチフレーズで開設しています。始めて七年がたちますが、相談の大半は障害をもつ子どもたちとその保護者です。

三年前あたりから、学童期、青年期の子どもの相談が増えはじめてきました。次々と起こる少年事件で「一七歳」「一四歳」がクローズアップされ、社会の関心も子どもたちに向いてきました。それにつれ、「思春期を見通した子育て」について話してほしいと頼まれることが増えてきました。

私自身も二人の子どもたちから多くのことを学び、悩み、鍛えられ、親として育ってきた一人です。時代が大きくかわり、私が子育てしていた頃よりもっと深刻な、そして危なっかしい時代になってきました。戦後ではなく戦前だとも言われています。日本が世界に誇る憲法も、改憲の企みのまっただなかにあります。今、大人が子どもたちにできることは、子どもたちが生きやすい、平和な二一世紀の土壌をつくることだと痛感しています。

子どもが生きやすい社会とはどんな社会をいうのでしょうか。それは、学校や家庭の前で憲法が立ち止まることがない社会ではないでしょうか。とりわけ憲法十三条「すべて国民は、個人として尊重される。生命、自由及び幸福追求に対する国民の権利については、公共の福祉に反しない限り、立法その他の国政の上で、最大の尊重を必要とする」が子どもたちの上にも平等に保障される社会です。

この本は、子どもの心理を理論的に解きあかす本ではありません。子どもにかかわっている大人が、子どもの気持ちを理解する手がかりとすることを目的にしています。そして、問題が起こった時にアタフタするのではなく、子どもが小さい頃から子どものサインに気づき、そのわけを読み取り、大人の力でゆがめないで、子ども自身の豊かな自立の力をのばすサポートをするための手がかりにしてもらえれば幸いです。

らく相談室の小さな庭には五本のはなみずきがすくっと立っています。新緑の若葉とピンクと白のかわいい花が五月の爽やかな風に揺れています。木はこの時期になると自然に花を咲かせます。冬になると葉が落ち、又春に花を咲かす準備をします。私がこの木にしてあげられることは、水をやり、よい土をつくり、毎年きれいな花を咲かせてねと、お願いすることぐらいです。木を見ながら、子どもたちと姿が重なります。

児童憲章制定五〇年の日に

池添　素

新装版へのあとがき

一八年前、本書のタイトルを思い付いたのは、次男の子育てに行き詰り、四苦八苦しながら、歯車の合わない子どもとの付き合い方を見つけるなかで、改善が感じられたときのことでした。それは、「やり直すしかない」と腹をくくり、大人の歯車を子どもに押し付けるのではなく、大人が子どもの歯車に合わせるという、単純だけれど簡単ではない方法でした。ホントにこれでだいじょうぶか?とヒヤヒヤでしたが、子どもの人生を尊重するかかわり方は、最も近道でもありました。その後の展開は、二〇一九年に出した『いつからでもやりなおせる子育て第2章』の長いあとがきでふれています。

私はその後も、NPO法人福祉広場の名称で七つの事業所を運営し、多くのスタッフと一緒に「障害があってもなくても、人として大切にされ、その人らしい暮らしを実現する」お手伝いをしています。私が担当している福祉広場相談室には、子どもから大人まで幅広い年代の方が、子育て、障害や発達の相談はもちろん、不登校やひきこもり、薬物依存や性の問題など多彩な内容の相談に来てくださいます。幼児期に相談にのっていた子が思春期を迎え、再び相談に来られることもあり、ライフステージごとの変化も学ばせていただける貴重な体験を積み重ねています。

相談を通して感じていることがあります。それは、現代社会の生きづらさは、一八年前よりいっそう強くなり、支援の内容や方法、求められる専門性やスキルも多様化しているということです。最も心が痛むのは、子どもの死因の第一位が自殺という現実です。本書の初版のときも、私のまわりで悲しい出来事が重なり、やり直しができる条件はたくさんあるけれど、それは命があってこそ、と扉の裏に記しました。

子どもには、元気で、自信をもって、何事にもチャレンジする、そんな意欲的な姿を期待します。しかし、その裏には大人の期待に応えようとする子どものがんばりが隠れています。大人たちは、学校でも家でもがんばっている子どもをねぎらいもせず、また次のチャレンジを期待します。大きな勘違いは、ハードルを上げることが子どものためだと思っていることです。それがよけいに子どもを追い詰めていることに気づいていない大人がたくさんいます。がんばることでしか大人から評価してもらえない毎日は、子どもにとって地獄だと感じます。

もうがんばれなくなった子どもたちの相談を受けるたびに、がんばらなくてもよい居場所を用意してほしいと、大人たちに伝える役割を感じてきました。子どもの気持ちの代弁者が必要で、ことばにならない子どもの気持ちを誰かがくみ取って、「いいね、いいよ。だいじょうぶ」とメッセージを発しなければ、子どもは生きていけないほど追い詰められています。

乳幼児期から、学童期、思春期を超えて、青年期へと、一人ひとりが違う形で人生を形作っていく土台をつくる時期に、子どもたちはたくさんのちっちゃいガマンをしながら大きくなっていきます。ちっちゃいガマンが積もり積もって、大きなガマンが満杯になってあふれ出したとき、どの時期であっても、「たくさんガマンしてきたね」「がんばらなくてもいいよ」と言ってくれる大人が必要です。

新装版を刊行するにあたって読み返し、一八年前に書いたとは思えないようなテーマと内容だったことに驚きましたが、大人社会が子どもに求める「ガマン」や「がんばり」は、そのとき以上に強烈になっていることを感じています。

私は、当時のあとがきで、以下のように書いています。

〈この本は子どもの心理を理論的に解き明かす本ではありません。子どもにかかわっている大人が、子どもの気持ちを理解する手がかりとすることを目的にしています。そして、問題が起こったときにアタフタするのではなく、子どもが小さい頃から子どものサインに気づき、そのわけを読み取り、大人の力でゆがめないで、子どもも自身の豊かな自立の力を伸ばすサポートをするための手がかりにしてもらえれば幸いです。〉

本書が子育てに悩んでいるみなさんの日にとまり、『いつからでもやり直せる子育て第2章』と合わせて読んでいただくことで、「がんばらなくてもだいじょうぶ」「ガマンしないで、たっぷり大人に甘えていいんだよ」という、〝子育ての常識〟とは真逆のメッセージが伝わることを期待しています。

池添　素

二〇一九年九月五日　六十代最後の齢のスタートの日に

【NPO 法人　福祉広場】

〈ＮＰＯ法人福祉広場の事業の目的は……〉

障害のあるなしに関わらず、子どもも大人も高齢者も、
その人らしく生きる権利があります。
しかし、「自分のやりたい事を実現する」事が難しい現在の社会です。
子ども達が豊かに育ち、安心して子育てできることや、
障害があっても安心して暮らすことが出来る社会を創るために、
みんなで力を合わせて、私たちらしく、私たちができる事を考えました。
生きること、育つこと、暮らすことをめざして
『人として大切にされ、その人らしい暮らしを実現する』事業に
取り組んでいきます。

NPO 法人 福祉広場 理事長　池添（井上）素

〈事業所の紹介〉

○児童発達支援
- 児童発達支援事業所 ひろば
- 児童発達支援事業所 御所ひろば
- まるんなひろば（児童発達支援事業所・重症心身障害児対象）

○居宅介護・重度訪問介護・行動援護・同行援護・移動支援
- 居宅支援ひろば

○訪問看護事業・介護予防サービス事業・居宅サービス事業
- 訪問看護ステーションひろば

○放課後等デイサービス
- 学童ひろば

○計画相談・児童相談支援
- 相談支援ひろば

〈連絡先〉

特定非営利活動法人　福祉広場
〒603-8324　京都市北区北野紅梅町 85　弥生マンション内
http://www.fukushi-hiroba.com
tel:075-465-4130 fax:075-465-4151

著者プロフィール

池添　素（いけぞえ　もと）

1950年9月5日生れ
現在、特定非営利活動法人・福祉広場理事長。全国障害者問題研究会副委員長。立命館大学産業社会学部、佛教大学社会福祉学部、龍谷大学短期大学で非常勤講師。京都市保育園連盟巡回保育相談員など。
主な著書に、『ちょっと気になる子どもと子育て―子どものサインに気づいて』『笑顔で向きあって―今日から始める安心子育て』『子育てはいつもスタート―もっと親になるために』『いつからでもやりなおせる子育て　第2章』（以上、かもがわ出版）、『障害のある子どもの安心子育てブック―3つのねがいをかなえよう』（全国障害者問題研究会出版部）、『はじめての障害児保育』『障害児を育てる―お父さん・お母さんへ贈るメッセージ』（以上、かもがわ出版、共著）、『育ちの根っこ―子育て・療育・つながる支援』『発達保障のための相談活動』『障害者の人権と発達』（以上、全国障害者問題研究会出版部、共著）。

〈新装版〉 いつからでもやりなおせる子育て

2019年10月10日　第1刷発行

著　者　©池添　素
発行人　竹村正治
発行所　株式会社 かもがわ出版
〒602-8119 京都市上京区堀川通出水西入ル
TEL 075(432)2868　FAX 075(432)2869
ホームページ http://www.kamogawa.co.jp
印刷所　シナノ書籍印刷株式会社

ISBN978-4-7803-1049-8 C0037